AF340015

LES MINISTRES,

OU

LES GRANDES MARIONNETTES,

INTRIGUE-COMÉDIE.

EN DOUZE ACTES ET EN MAUVAISE PROSE ;

PAR

QUELQU'UN QUI VA ÉCOUTER AUX PORTES.

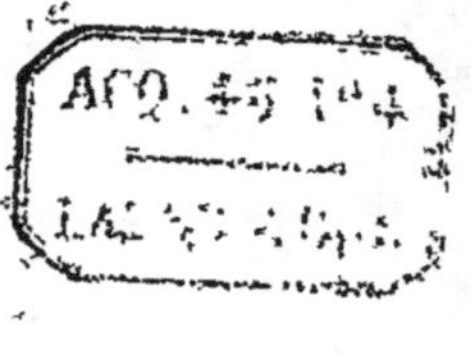

A PARIS,

CHEZ LES MARCHANDS DE NOUVEAUTÉS.

—

IMPRIMERIE DE GUIRAUDET.

—

AOUT 1821.

LES MINISTRES,

OU

LES GRANDES

MARIONNETTES,

INTRIGUE-COMÉDIE.

PERSONNAGES.

PAUVRELIEU.

SIXMELONS.

PASQUINIER (*L's doit se prononcer*).

SERREHERCULE.

ROITELET.

L'AMOURAUBOURG.

PORTAIL.

VIRELAILE.

CORENBIÈRE.

La scène se passe dans une grande ville voisine d'Alger.

LES MINISTRES,

OU

LES GRANDES

MARIONNETTES,

INTRIGUE-COMÉDIE.

Le théâtre représente le séjour des ténèbres ; les lustres et les quinquets sont éteints ; la rampe est baissée ; on n'y voit goutte.

ACTE PREMIER.

VIRELAILE, CORENBIÈRE.

CORENBIÈRE.

Il est temps enfin, mon cher collègue, de rompre le silence que nous gardons vous et moi depuis plus d'un trimestre ; nos nombreux amis, qui veulent des places, nous pressent de demander la juste récompense de nos travaux législatifs et du puissant secours que nous avons bien voulu prêter à ce ministère inhabile. Vous le savez, collègue, nous n'avons consenti à le soutenir que pour mieux le renverser. Le moment est venu où nous devons l'abandonner : il faut qu'il tombe, et qu'il nous cède sa place. Nous seuls et nos amis devons gouverner. Allons, collègue un coup hardi, et nous nous emparons du timon.

VIRELAILE, *d'une voix nazillarde et d'un accent gascon très-prononcé.*

Sandis, mon cher collègue, comme vous y allez? Je reconnais bien là votre tête bretonne; vous gâteriez tout en brusquant ainsi l'affaire. Pensez-vous que Sixmelons, Pasquinier et Serrehercule, veuillent nous céder de gré de cœur ces portefeuilles qu'ils aiment si ardemment et que nous convoitons de même? Ne vous en flattez pas. Nous ne pourrons les leur enlever que par force ou par adresse. Nous n'avons pas la force pour nous, il faudra donc employer l'adresse. Je ne suis pas des bords de la Garonne pour la forme, j'espère : j'ai la réputation d'être un fin renard; rapportez-vous en donc à mes habiles manœuvres, et ne doutez pas de leur succès.

CORENBIÈRE.

Initiez-moi donc dans vos secrets, cher collègue, et faites-moi connaître quelles sont les

manœuvres que vous allez employer, afin que
je puisse vous seconder.

VIRELAILE.

Nous sommes seuls, écoute : connais-tu bien
Virelaile ?

CORENBIÈRE.

Qui ne le connaît pas.

VIRELAILE.

Quoi ! tu me jugerais comme le vulgaire ?
Apprends que je suis bien loin d'être ce que l'on
croit, ou plutôt, sache que je serai tout ce que
l'on voudra et tout ce que les circonstances exi-
geront que je sois, pourvu que l'on me donne
un bon portefeuille ; car je ne suis qu'un gen-
tilhomme gascon, et j'ai besoin de penser un
peu à ma fortune.

CORENBIÈRE.

Quoi ! Virelaile, pour être véritablement ministre, tu abandonnerais tes amis de la droite ?
ces amis qui t'ont fait leur chef de file *quand
même !*

VIRELAILE.

Nos amis de la droite sont presque tous des
sots ou des fous : on ne peut que gagner en s'é-
loignant d'eux insensiblement, car tôt ou tard
ils feront quelque sottise pommée. Cependant,
je conçois que nous ne pourrions pas rompre
avec eux dans ce moment : c'est par eux, c'est

pour eux que nous devons demander qu'une partie du pouvoir soit confiée en nos mains. Il faut donc que nous ayons l'air de ne vouloir aucun bouleversement, et que nous commencions modestement par demander le portefeuille des cultes èt de l'instruction pour toi, celui de la guerre pour le duc de Bettelune et celui de l'intérieur pour moi. Voilà comment nous devons nous y prendre pour le moment; plus tard nous verrons ce qu'il nous faudra faire. En attendant, séparons-nous, et allons chacun de notre côté travailler en conséquence.

ACTE II.

PASQUINIER, SERREHERCULE, SIX - MELONS, L'AMOURAUBOURG, ROI - TELET, PORTAIL, *tous assis sur des bancs construits avec des planches pouries.*

PASQUINIER.

Lorsque les anciennes républiques d'Athènes et de Rome étaient en danger, tous les citoyens oubliaient leurs dissensions particulières, et se réunissaient pour sauver la patrie. Ce n'est pas pour sauver la patrie que je vous ai prié de vous réunir aujourd'hui : ce fut toujours le moindre de nos soucis; mais il s'agit d'une af-

(7)

aire beaucoup plus importante : c'est de nous, mes chers collègues, qu'il est question. On cherche à nous enlever nos portefeuilles, on veut nous mettre de côté et s'emparer de nos places.

TOUS LES AUTRES ENSEMBLE.

C'est un attentat horrible, c'est un crime d'état qu'il faut faire punir !

PASQUINIER.

Oui, mes chers collègues, cet ourang-outan de Virelaile et ce chétif Corenbière font tous leurs efforts pour nous faire sauter. Je connais leurs intrigues et leurs sourdes menées, et j'ai mille preuves de leur perfidie. L'un voudrait nous renverser par la force, l'autre veut employer la ruse. Dans ce danger commun et pressant, j'ai cru qu'il était prudent de nous entendre et de nous liguer contre ces deux ministres postiches : oublions nos petits différens, méfions-nous d'eux, et restons unis si nous ne voulons pas succomber l'un après l'autre.

SERREHERCULE.

Il m'est parvenu quelques avis semblables à ceux dont vient de nous faire part le préopinant : je les ai méprisés, parce que je suis l'un de ceux que les ultrà ménageront le plus ; mais, puis-qu'il s'agit de l'intérêt et de l'honneur du corps, je me joins à notre collègue Pasquinier, et j'appuie de toutes mes forces la proposition qu'il vient de vous faire. Liguons-nous tous, Messieurs, contre ces deux intrus; et, s'ils ne se contentent pas de la part que nous voudrons bien leur faire, nous les enverrons.,... planter des choux.

SIXMELONS.

Comme j'ai la certitude que mon poste est celui que l'on convoite le plus, j'appuie aussi la proposition de notre prudent collègue Pasquinier, et je jure de rester fidèle à notre alliance défensive.

L'AMOURAUBOURG.

Je me préparais pour aller me reposer aux Invalides; mais, comme il y aurait de la lâcheté de battre en retraite en ce moment, je reste parmi vous pour vous aider à combattre l'ennemi commun.

PORTAIL.

Ainsi que le préopinant, je sentais le besoin de prendre un peu de repos dans mes terres; mais, comme je dors tout aussi bien dans mon hôtel, j'y resterai afin d'être près de nos ennemis, contre lesquels je me ligue de la meilleure grâce du monde.

ROITELET.

Malgré ma conviction intime et bien fondée que, dans aucun cas, on ne trouvera personne capable de me remplacer pour la bonne administration des finances et pour les jeux de bourse , je n'en suis pas moins décidé à m'opposer à tout changement du personnel parmi nous : en conséquence, je suis tout prêt à repousser les nouveaux venus.

PASQUINIER.

Puisque nous sommes tous d'accord sur ce point important, laissons faire Virelaile et Corenbière, et n'ayons d'autre soin que celui de faire échouer leurs projets. Pauvrelieu sera pour nous dès qu'il connaîtra les prétentions exagérées des ultrà. Séparons-nous maintenant : nous nous reverrons bientôt. En attendant , faisons toujours bonne mine à ceux qui veulent notre chute, et employons ruse contre ruse.

ACTE III.

PAUVRELIEU, VIRELAILE, CORENBIÈRE.

PAUVRELIEU.

En vérité , Messieurs , il me semble que la part que nous vous offrons dans l'administration générale est assez belle pour vous satisfaire, et cependant, pour contenter votre ambition et celle de vos amis, il faudrait nous dépouiller nous-mêmes de toute autorité et renoncer à toute influence. Si l'on vous laissait faire, Messieurs, tous les départemens du ministère actuel ne vous suffiraient pas ; il faudrait encore accorder à vos amis les directions générales, les préfectures, etc. etc. En vérité, c'est trop fort. Vous nous avez rendu quelques services, il est vrai, mais vous voulez en être payés trop largement ; et, pour mon compte, je ne puis y consentir.

VIRELAILE.

Vous prenez la chose trop vivement, M. le duc, et nous n'avions pas lieu de nous y attendre, après tout ce que nous avons fait pendant la dernière session pour le ministère que vous présidez. Que demandons-nous au total ? Rien que trois portefeuilles : celui des cultes et de l'instruction publique pour mon collègue Corenbière, qui l'a bien mérité ; celui de la guerre pour M. le duc de Bettelune, qui veut bien s'en charger ; et celui de l'intérieur pour moi, si vous m'en jugez digne ; cela peut se faire sans presque déranger personne, si ce n'est le vieux Sixmelons. Voyez, M. le duc, si vous pouvez nous accorder ces trois choses ; nous reviendrons chercher la réponse.

ACTE IV.

PAUVRELIEU, PASQUINIER, SERRE-HERCULE.

PAUVRELIEU.

Je viens de vous faire connaître, M. le baron, les prétentions de Virelaile et de son parti ; elles vous paraîtront, comme à moi, très-élevées, et vous ne serez pas sans doute d'avis d'y souscrire. Cependant nous devons quelque chose à ceux qui ont si bien voté pour toutes les lois que vous avez présentées, et surtout pour le budget et la censure. Dites-moi comment nous pourrons les indemniser.

PASQUINIER.

J'aurai d'abord l'honneur de répondre à M. le duc que si nous cédons aux clameurs et aux importunités des ultrà, nous ne tarderons pas à voir une répétition de 1815.

PAUVRELIEU.

Je n'en veux pas, de bonne foi.

PASQUINIER.

Ni moi non plus. Ainsi donc, nous ne devons pas donner le ministère de l'intérieur à Virelaile, parce qu'il serait bientôt forcé de nous peupler toutes les administrations de ces mêmes hommes de 1815, dont nous avons déjà l'élite.

SERREHERCULE.

Tout ce que nous pouvons faire pour le contenter lui et son ami Corenbière, c'est de lais-
ser à ce dernier l'instruction publique, et de lui
donner en outre les cultes, ce qui ferait un portefeuille confortable pour lui. Quant à Virelaile, nous ne pouvons lui donner que le ministère de la marine, si toutefois Portail per-
siste à vouloir s'en décharger. Enfin, pour ce
qui concerne la guerre, il me semble qu'il n'y
aurait aucun inconvénient à en confier l'administration à un autre que l'Amouraubourg ;
rien n'en souffrirait : mais il faudrait qu'il vou-
lût bien s'en aller aux Invalides, sans cela on
ne pourrait pas lui faire l'affront de le renvoyer.

PAUVRELIEU.

Mais il me semble que cela pourrait s'arranger
ainsi : qu'en pensez-vous, baron Pasquinier ?

PASQUINIER.

Je pense que cet arrangement n'est pas exécu-
table, par la raison que nous ne pouvons pas
ôter les cultes à Sixmelons, que nous avons
déjà dépouillé des communes. Sixmelons a beaucoup d'expérience ; il marche comme nous voulons : il ne serait donc pas juste de le réduire à
ne posséder que le squelette d'un ministère ; je
le prends sous ma protection. Nous ne pourrons
pas non plus ôter la marine à Portail, attendu
qu'il vient d'armer quelques gabarres, et qu'il a

préparé plusieurs expéditions secrètes dont l'Europe attend le résultat. Si les gabarres allaient échouer comme *la Méduse,* et si les expéditions allaient s'évaporer en fumée, il dirait, avec quelque apparence de raison, que nous avons tout gâté en le remplaçant à son ministère. Il faut donc attendre que la montagne accouche. Quant au portefeuille de la guerre, on vous propose de le remettre entre les mains du duc de Bettelune; certes, il pourrait être plus mal placé. Mais qui de vous, Messieurs, ignore que si ce duc était ministre, les affaires seraient toutes dirigées par Le Clerc de Mont-Tonnerre, et que ce serait alors madame G...B.... qui serait en effet ministre de la guerre, par les motifs que chacun de vous sait aussi bien que moi.

PAUVRELIEU.

Mais je crois que le baron a raison. Qu'en pensez-vous, Serrehercule ?

SERREHERCULE.

Je dis qu'il n'a pas tort ; mais je voudrais qu'il nous tirât d'embarras : car le parti qui soutient Virelaile et Corenbière, crie et veut qu'ils aient part au pouvoir ; et vous savez que ce parti compte des hommes puissans qu'il faut ménager.

PASQUINIER.

Avec tous ces ménagemens, nous n'en finirions jamais. Il faut tout sèchement offrir à Virelaile la marine, et l'instruction publique à

Corenbière. Ils trouveront que c'est trop peu ;
ils n'en voudront pas, et nous serons peut-être
débarrassé d'eux.

PAUVRELIEU.

Ce moyen est un peu machiavélique ; mais,
puisque vous le jugez bon, tentons-le. M. le
baron Pasquinier, je vous charge de cette négo-
ciation ; vous êtes le chef des diplomates, vous
devez naturellement en être le plus fin et le
plus adroit.

ACTE V.

PAUVRELIEU, SIXMELONS, L'AMOUR-
AUBOURG, PASQUINIER, SERREHER-
CULE, ROITELET, PORTAIL; COREN-
BIÈRE, *arrivant en courant.*

CORENBIÈRE, essoufflé.

Alerte ! alerte ! mes chers collègues ; nous
courons tous les plus grands dangers. Je viens
d'apprendre d'une manière positive, que pendant que nous négocions entre nous, le petit
Cazède cherche à rentrer au ministère, et qu'il
est au moment de reprendre toute son influence.

TOUS ENSEMBLE, excepté CORENBIÈRE.

SEXTUOR, sur l'air du Cantique de Joseph.

L'attentat est-il possible?
Chose horrible !

Dites-vous la vérité ?
Se peut-il que maître Élie
Eût envie
De nous mettre de côté ?

CORENBIÈRE.

Oui, Messieurs, vous pouvez ajouter foi à ce que je viens de vous annoncer. Au reste, Virelaile est allé voir ses amis pour parer à ce coup malheureux.

PAUVRELIEU.

Réunissons-nous tous à Virelaile en cette circonstance, et allons lui prêter aide et secours.

ACTE VI.

LES MÊMES PERSONNAGES QUE DANS LE PRÉCÉDENT ACTE, VIRELAILE , *arrivant en courant.*

VIRELAILE.

Rassurez-vous, mes chers et loyaux collègues ; le danger dont nous avons été menacés en ce jour n'est plus, mais nous l'avons échappé belle. Oui, Messieurs, il s'en est fallu de rien que ce présomptueux de Cazède ne s'emparât du timon. Heureusement nous avons su l'effrayer, et il a promis de renoncer aux affaires. Il part à l'instant pour aller respirer l'air pur de la campagne, qui ne peut que faire le plus grand bien à toutes les personnes malades, et même à celles qui sont menacées d'un cancer.

CHOEUR.

Ah ! ah ! ah ! ah ! ah ! ah ! ah !
Nous l'avons échappé belle !
Ah ! ah ! ah ! ah ! ah ! ah ! ah !
Qui s'attendait à cela ?

VIRELAILE.

Ouf ! j'en suis encore tout étourdi.

PAUVRELIEU.

Allons , Messieurs, après une crise pareille, nous avons tous besoin de respirer librement.

ACTE VII.

PASQUINIER, VIRELAILE, CORENBIERE.

PASQUINIER.

Revenus de la frayeur que le petit Cazède vient de nous causer, nous pouvons, Messieurs, reprendre le fil de nos négociations. Je suis ici l'interprète de l'avis de tous mes collègues , et c'est en leur nom que je vous offre le ministère de la marine pour l'un de vous , et celui de l'instruction publique pour l'autre : c'est tout ce que nous pouvons faire pour le moment.

VIRELAILE.

Après tout ce que nous avons fait pour vous

soutenir sur vos échasses, comment pouvez-vous être aussi ingrats envers nous ? Vous nous avez fait chanter dans tous les tons ; nous nous y sommes prêtés, et vous nous payez si mal !

PASQUINIER.

Nous vous offrons cependant deux portefeuilles, auxquels sont attachés 150,000 francs de traitement annuel pour chacun : cela n'est pas à dédaigner ; pensez-y bien.

VIRELAILE.

Donnez-nous au moins le temps de consulter nos amis.

PASQUINIER.

Soit ; mais décidez-vous promptement.

ACTE VIII.

VIRELAILÉ, CORENBIÈRE.

VIRELAILE.

Qu'en dis-tu, Corenbière ? 150,000 francs par an, sans compter les revenans-bons !

CORENBIÈRE.

C'est fort joli, et je sens que j'accepterais cette offre, faute de mieux ; mais tu sais que nous ne pouvons rien faire sans la permission de nos puissans amis. Allons les consulter, et faisons tous nos efforts pour qu'ils entendent raison comme nous.

ACTE IX.

PAUVRELIEU, PASQUINIER.

PAUVRELIEU.

Eh bien ! baron Pasquinier, avez-vous terminé ces interminables négociations ?

PASQUINIER.

J'ai fait connaître à Virelaile et à son collègue notre *ultimatum* : ils se sont plaints d'abord de notre ingratitude, ils ont fait un pompeux étalage de leurs services , ils ont boudé ; mais enfin j'ai cru m'apercevoir que notre proposition serait acceptée par eux, si leurs amis ne s'y opposaient pas. Cependant, comme ces deux messieurs ne sont guère que des automates dont leur parti fait jouer les ressorts , il serait possible qu'ils fussent contraints à refuser, car il y a aujourd'hui beaucoup d'opiniâtreté chez ces gens-là.

PAUVRELIEU.

Soyez persuadé , baron , que, si le portefeuille de la marine tente Virelaile, il emploiera toute sa dextérité et toute sa finesse pour vaincre cette opiniâtreté.

PASQUINIER.

En attendant qu'ils viennent nous apprendre leur détermination , allons assembler tous nos collègues pour qu'ils puissent être présens à cette grande audience.

ACTE X.

VIRELAILE , CORENBIÈRE.

VIRELAILE.

Il n'est donc que trop vrai, cher Corenbière, que nous ne sommes plus les maîtres de nos actions. Quoi! nous allions avoir chacun un ministère et 150,000 francs , ils nous étaient offerts, ils nous convenaient, nous pouvions les prendre et entrer aussitôt en fonctions, et pourtant nous ne les aurons pas ! N'est-il pas désolant d'être dans une position à ne pouvoir jamais faire ce qui nous plairait? N'est-il pas dur d'être les esclaves de ses amis ? Et quels amis encore ! des hommes aussi sots qu'entêtés, auxquels il m'a été impossible de faire entendre raison.

CORENBIÈRE.

Jamais, non, jamais, on n'a vu une tenacité, une opiniâtreté semblables : tout ou rien , voilà les grands mots qu'ils n'ont cessé de faire entendre, comme si la raison ne devait pas entrer quelquefois dans leurs arrangemens. C'en est fait, cher collègue, nous ne pouvons faire à moins que de nous sacrifier : tâchons de le faire de bonne grâce.

VIRELAILE.

Ce qui ajoute encore à mes regrets, c'est que, dans l'intime persuasion que j'aurais eu un portefeuille dans la journée, j'ai fait partir ma femme hier au soir, avec un passeport tel qu'il le fallait à l'épouse d'un ministre. Le désappointement que j'éprouve fera rire mes ennemis de la Haute-Garonne, et l'on ne manquera pas de faire des cancans sur ce maudit passeport.

CORENBIÈRE.

Et moi, j'avais déjà fait part à tout mon département que mon portefeuille était prêt, et je serai obligé de dire qu'il est encore chez le fabricant. Ne perdons pas un seul instant, et allons expédier des estafettes sur les routes de Nantes et de Toulouse, afin d'éviter le ridicule dont nous sommes menacés.

ACTE XI.

PAUVRELIEU , PASQUINIER , SIXME-
LONS , SERREHERCULE , L'AMOUR-
AUBOURG , ROITELET et PORTAIL ,
assis sur leurs bancs de planches pouries ;
VIRELAILE et CORENBIÈRE , *entrant
dans la salle avec un air triste et consterné.*

PAUVRELIEU, *à Virelaile et à Corenbière.*

Chers et bien aimés collègues , vous nous
trouvez réunis dans cette enceinte pour vous y
attendre , et pour savoir de vos bouches élo-
quentes si nous aurons enfin le bonheur de vous
voir prendre la part qui vous est due dans l'administration de ce beau royaume. Vous ne pouvez vous imaginer tout le plaisir que nous aurons à vous voir constamment parmi nous , nous
aider à supporter le faix du gouvernement ; et
nous éclairer de vos vives lumières. Mais quoi !
vous gardez le silence ? Parlez , expliquez-vous :
ne nous laissez pas davantage dans cette cruelle
incertitude.

VIRELAILE.

O vous ! que je n'ose plus appeler mes collègues , vous avec qui nous aurions vécu en fa-
mille et dans la meilleure intelligence , vous

qui possédez les plus beaux talens oratoires et
la plus grande expérience en administration ,
vous enfin qui avez rendu la France si heureu-
se , apprenez , pour la dernière fois , que nos
amis persistent dans leurs premières prétentions;
et que nous ne pouvons pas accepter ce que
vous nous avez offert par l'entremise du baron
Pasquinier. Nos amis veulent tout ou rien : si
vous ne pouvez pas nous accorder le tout, nous
serons forcés de vous donner notre démission et
de nous retirer de la cour.

PASQUINIER.

Il nous est impossible de vous accorder ce
que vos amis désirent ; nous l'avons déjà dit, et
je ne puis que vous le répéter encore.

VIRELAILE.

Dans ce cas , nous vous donnons notre démission.

PASQUINIER.

Et nous, nous l'acceptons.

VIRLAILE , *à Corenbière, en s'en allant.*

Nous nous reverrons bientôt, Messieurs ; nous
nous reverrons, et rira bien qui rira le dernier.
(*Ils sortent.*)

ACTE XII.

LES PRÉCÉDENS, *excepté* VIRLAILE *et* COREN-
BIÈRE.

PASQUINIER.

Pour le coup, nous voilà débarrassés de ces
deux ambitieux, et les menaces qu'il nous font
de revenir bientôt ne peuvent plus nous alarmer.
Gardons tous nos portefeuilles, et fesons en
sorte de nous créer des amis moins exigeans et
plus soumis ; nous en trouverons parmi les fonc-
tionnaires publics, et nous ne manquerons pas
d'orateurs babillards, tant que nous aurons les
procureurs généraux avec nous.

SIXMELONS.

Permettez à votre doyen, à celui dont les
cheveux blanchis dans les administrations peuvent lui donner le titre de Nestor des ministres,
de prendre la parole dans cette circonstance, et
de commencer par vous féliciter d'avoir échappé
en ce jour à deux grands dangers. Je veux parler
de l'attentat de Cazède et des intentions de Virelaile : le moindre de ces dangers nous aurait per-
dus totalement, si nous ne les avions évités. Grâce
au Ciel, nous voilà plus forts et plus solides que
jamais ; mais il ne faut pas nous endormir, car

notre sort futur dépend de la conduite que nous allons tenir. Si par indolence, nous laissons reprendre aux affaires le cours que nous avons eu la maladresse de leur donner, nous tomberons inévitablement à l'ouverture de la session prochaine, et les ultrà, recouvrant alors toute leur influence, s'empareront sans partage de tous les portefeuilles ; mais si nous employons à notre avantage l'intervalle qui nous sépare encore de cette session, nous pourrons nous créer une majorité indépendante du côté droit. Pour atteindre ce but, je pense que nous devons adopter un système de modération et de sagesse pour nous en prévaloir à l'époque des élections. Nous avons encore un moyen pour nous assurer la majorité : c'est de dissoudre la chambre ; il n'y a pas de doute que les nouvelles élections ne donnent alors une majorité animée d'un esprit national, sage et modéré. Le peuple est fatigué d'être le jouet des factions : il désire que son repos soit inséparable de sa liberté, et il sait qu'il ne peut l'attendre du côté droit qui veut dominer.

PAUVRELIEU.

Mais je crois que Sixmelons a raison : Allons voir de mettre en œuvre ses bons conseils.

FIN.